学ぶ人は、変えてゆく人だ。

目《め》の前《まえ》にある問題《もんだい》はもちろん、

人生《じんせい》の問《と》いや、社会《しゃかい》の課題《かだい》を自《みずか》ら見《み》つけ、

挑《いど》み続《つづ》けるために、人《ひと》は学《まな》ぶ。

「学《まな》び」で、少《すこ》しずつ世界《せかい》は変《か》えてゆける。

いつでも、どこでも、誰《だれ》でも、

学《まな》ぶことができる世《よ》の中《なか》へ。

旺文社《おうぶんしゃ》

本書の特長と使い方

◆本書が目指す「漢字検定（漢検）」とは、公益財団法人日本漢字能力検定協会が主催《しゅさい》する「日本漢字能力検定」のことです。

◆本書は、7日間で漢字検定5級の試験対策をする書き込《こ》み式の直前対策ドリルです。

◆過去の検定試験で実際に出題された漢字を、独自にコンピューターで分析《ぶんせき》し、よくでる問題を収録しました。出題分野ごとに頻度《ひんど》を分析しましたので、効果的な学習が可能です。頻度の高い漢字は、さまざまな分野で繰《く》り返し収録されています。

◆1～5日目の練習ドリルは、「読み」「部首と部首名」「筆順・画数」「送りがな」「音と訓」「四字熟語」「対義語・類義語」「熟語作り」「熟語の構成」「同じ読みの漢字」「書き取り」の出題分野別に構成しています。

※「熟語の構成」の問題は、5つではなく、4つの分類で出題されることもあります。

◆6・7日目には、本番形式の予想問題を収録しています。学習の総仕上げなので、時間をきちんと計って取り組んでください。

◆実際に書き込みながら学習することで、確実な漢字の知識が身につきます。漢字の解答は、楷書体《かいしょたい》で、はねるところ、とめるところなどを、はっきりと書くように気をつけましょう。

◆5級の合格基準は正答率70％程度です。本書では、各ページに合格点のめやすを表示しました。

もくじ

編集協力　株式会社友人社
校正　鈴木充美
装丁・本文デザイン　前田由美子（有限会社アチワデザイン室）
装丁・本文イラスト　三木謙次

出題内容・出題範囲《はんい》

内容／級	漢字の読み	筆順・画数	部首・部首名	熟語の構成	対義語・類義語	送り仮名	四字熟語	同音・同訓異字	誤字訂正	漢字の書取	レベル	検定時間	検定料
3級	○		○	○	○	○	○	○	○	○	中学校卒業程度	60分	3500円
	対象漢字数 1623字（4級までの対象漢字1339字＋3級配当漢字284字） ※中学校で習う読みを含《ふく》む　※高等学校で習う読みは含まない												
4級	○		○	○	○	○	○	○	○	○	中学校在学程度	60分	3500円
	対象漢字数 1339字（5級までの対象漢字1026字＋4級配当漢字313字） ※中学校で習う読みを含む　※高等学校で習う読みは含まない												
5級	○	○	○	○	○	○	○	○	○	○	小学校6年生修了《しゅうりょう》程度	60分	3000円
	対象漢字数 1026字（6級までの対象漢字835字＋5級配当漢字191字） ※中学校で習う読みは含まない												

※5級で「誤字訂正《ていせい》」も出題内容と発表されていますが、過去に出題された実績はありません。そのため、旺文社漢検書シリーズでは5級で「誤字訂正」を掲載《けいさい》しておりません。

●出題対象となる漢字

漢字検定では、それぞれの級に定められた出題範囲があります。それぞれの級で新たに出題対象となる漢字を配当漢字といい、当該《とうがい》級はそれ以下の級の配当漢字も出題範囲に含まれることが原則です。（上表参照）

●漢字検定5級の採点基準

◇採点の対象…筆画を正しく、明確に書かれた字を採点の対象とし、くずした字や乱雑に書かれた字は採点の対象外です。

◇字種・字体・読み…2〜10級の解答は、内閣告示「常用漢字表」（平成22年）によります。旧字体での解答は不正解となります。

◇仮名遣《づか》い…内閣告示「現代仮名遣い」によります。

◇送り仮名…内閣告示「送り仮名の付け方」によります。

◇部首…『漢検要覧2〜10級対応』（公益財団法人日本漢字能力検定協会発行）収録の「部首一覧表と部首別の常用漢字」によります。

◇筆順…筆順の原則は、文部省（現文部科学省）編『筆順指導の手びき』（昭和33年）によります。常用漢字ごとの筆順については、『漢検要覧2〜10級対応』収録の「常用漢字の筆順一覧」によります。

◇合格基準…合格のめやすは、正答率70％程度です。200点満点ですから、140点以上とれれば合格の可能性大です。

問い合わせ先
公益財団法人日本漢字能力検定協会
本部　〒605-0074　京都府京都市東山区祇園町南側551番地
TEL 075-757-8600　FAX 075-532-1110
東京事務所　〒108-0023　東京都港区芝浦3丁目17-11　天翔田町ビル6階
URL　https://www.kanken.or.jp/

5級　配当漢字表（191字）

※漢字検定5級で、新たに出題の対象となる配当漢字191字を五十音順に一覧にしました。

イ	ウ	エ	オ	カ	キ	ケ	コ	サ
胃 異 遺 域	宇	映 延 沿	恩	我 灰 拡 革 閣 割 株 干 巻 看 簡	危 机 揮 貴 疑 吸 供 胸 郷 勤 筋	系 敬 警 劇 激 穴 券 絹 権 憲 源 厳	己 呼 誤 后 孝 皇 紅 降 鋼 刻 穀 骨 困	砂 座 済 裁 策 冊 蚕

シ	ス	セ	ソ	タ	チ
至 私 姿 視 詞 誌 磁 射 捨 尺 若 樹 収 宗 就 衆 従 縦 縮 熟 純 処 署 諸 除 承 将 傷 障 蒸 針 仁	垂 推 寸	盛 聖 誠 舌 宣 専 泉 洗 染 銭 善	奏 窓 創 装 層 操 蔵 臓 存 尊	退 宅 担 探 誕 段 暖	値 宙 忠 著 庁 頂 腸 潮 賃

ツ	テ	ト	ナ	ニ	ノ	ハ	ヒ	フ	ヘ	ホ	マ
痛	敵 展	討 党 糖 届	難	乳 認	納 脳	派 拝 背 肺 俳 班 晩	否 批 秘 俵	腹 奮	並 陛 閉 片	補 暮 宝 訪 亡 忘 棒	枚 幕

ミ	メ	モ	ヤ	ユ	ヨ	ラ	リ	ロ
密	盟	模	訳	郵 優	預 幼 欲 翌	乱 卵 覧	裏 律 臨	朗 論

※2・3ページの情報は2024年5月現在のものです。内容は変更《へんこう》されることがありますので、詳《くわ》しくは日本漢字能力検定協会にお問い合わせください。

1日目 練習ドリル

読み

◆次の——線の漢字の読みをひらがなで書きなさい。

解答➡別冊P.2

合格点	得点
17/23	/23

1. ピストルの安全**装置**が働く。
2. **展望台**から夜景をながめる。
3. 母方の**系統**は長生きだ。
4. 思いがけない**遺産**を相続する。
5. 失敗の原因を**推測**する。
6. 新しい機械を初めて**操作**する。
7. それぞれの町が災害**対策**を練る。
8. 京都の寺社を**拝観**する。
9. **神秘**的で美しい光景を見る。
10. 日本語の小説を英語に**訳**す。
11. 幸せの**絶頂**を味わう。
12. 曲に合わせて**歌詞**をつける。
13. 苦しむ人人を**救済**する。
14. 開けた**障子**から月光が差しこむ。
15. **満潮**時には波がここまで来る。
16. 出発の空港で預けた荷物を**探**す。
17. 卒業後初めて恩師を**訪**ねる。
18. 美しい山が湖面に**映**る。
19. 遊んでいた子も日が**暮**れて帰る。
20. 共通の話題で**盛**り上がる。
21. 割れた**窓**ガラスを取りかえる。
22. 父の**厳**しい態度におどろく。
23. 夕飯は**腹**八分目にしておく。

書き取り

◆次の――線のカタカナを漢字になおしなさい。

解答➡別冊P.2

合格点	得点
17/23	/23

□ 1 せまい**ザセキ**で動きがとれない。（　　）

□ 2 学問的に**キチョウ**な文書だ。（　　）

□ 3 **ウチュウ**船で空に飛び立つ。（　　）

□ 4 犯行現場を**ケイサツ**官が見張る。（　　）

□ 5 二人の政治家が**トウロン**を行う。（　　）

□ 6 歴史的建造物を**ホゾン**する。（　　）

□ 7 探査船が海底**シゲン**を発見する。（　　）

□ 8 手ごわい相手と**ユウショウ**を争う。（　　）

□ 9 人口の増加**チイキ**を調べる。（　　）

□ 10 全力で走って**コキュウ**が苦しい。（　　）

□ 11 **シンコク**な事態に直面した。（　　）

□ 12 来期は投手を**ホキョウ**する。（　　）

□ 13 **コンバン**は会食の予定がある。（　　）

□ 14 **カチ**がないものなどない。（　　）

□ 15 書類の**マイスウ**が多い。（　　）

□ 16 見た目は**ワカ**いと言われる。（　　）

□ 17 後ろ**スガタ**が父にそっくりだ。（　　）

□ 18 夕日が山を赤く**ソ**める。（　　）

□ 19 一列に**ナラ**んで電車を待つ。（　　）

□ 20 車の往来が**ハゲ**しい道路。（　　）

□ 21 大きな音がして**ワレ**に返った。（　　）

□ 22 かさから雨のしずくが**タ**れる。（　　）

□ 23 転んですりむいた手が**イタ**い。（　　）

音と訓

◆漢字の読みには**音**と**訓**があります。次の**熟語の読み**は[　]の中のどの組み合わせになっていますか。**ア〜エの記号**で答えなさい。

合格点	得点
21/30	/30

[**ア** 音と音　**イ** 音と訓　**ウ** 訓と訓　**エ** 訓と音]

□ 1 筋道（　）
□ 2 裏作（　）
□ 3 派手（　）
□ 4 傷口（　）
□ 5 沿岸（　）
□ 6 回覧（　）
□ 7 手配（　）
□ 8 憲法（　）
□ 9 巻物（　）
□ 10 味方（　）
□ 11 札束（　）
□ 12 批評（　）
□ 13 黒潮（　）
□ 14 番組（　）
□ 15 灰皿（　）
□ 16 係長（　）
□ 17 縦糸（　）
□ 18 看護（　）
□ 19 温泉（　）
□ 20 格安（　）
□ 21 米俵（　）
□ 22 宗教（　）
□ 23 場所（　）
□ 24 創造（　）
□ 25 背骨（　）
□ 26 出窓（　）
□ 27 新顔（　）
□ 28 郷土（　）
□ 29 砂糖（　）
□ 30 節穴（　）

熟語の構成

◆漢字を二字組み合わせた熟語では、二つの漢字の間に意味の上で、次のような関係があります。

解答➡別冊P.3

合格点 19/26　得点 /26

ア 反対や対《つい》になる意味の字を組み合わせたもの……（強弱）
イ 同じような意味の字を組み合わせたもの…………（進行）
ウ 上の字が下の字の意味を説明（修飾《しょく》）しているもの…（国旗）
エ 下の字から上の字へ返って読むと意味がよくわかるもの…（消火）
オ 上の字が下の字の意味を打ち消しているもの……（非常）

次の**熟語**は、右の**ア～オ**のどれにあたるか、**記号**で答えなさい。

□ 1 取捨（　）
□ 2 困苦（　）
□ 3 登頂（　）
□ 4 恩人（　）
□ 5 延期（　）
□ 6 映写（　）
□ 7 私用（　）
□ 8 不純（　）
□ 9 金銭（　）
□ 10 樹木（　）
□ 11 難易（　）
□ 12 除去（　）
□ 13 胸囲（　）
□ 14 干満（　）
□ 15 観劇（　）
□ 16 尊敬（　）
□ 17 寒暖（　）
□ 18 敬老（　）
□ 19 収支（　）
□ 20 未納（　）
□ 21 善良（　）
□ 22 紅白（　）
□ 23 乳歯（　）
□ 24 在宅（　）
□ 25 半熟（　）
□ 26 開閉（　）

対義語・類義語

◆後の□の中のひらがなを漢字になおして、**対義語**（意味が反対や対《つい》になることば）と、**類義語**（意味がよくにたことば）を書きなさい。□の中のひらがなは**一度だけ**使い、**漢字一字**を書きなさい。

解答➡別冊P.3

合格点	得点
17/24	/24

対義語

□ 1 拡大―（　）小

□ 2 往復―（　）道

□ 3 散在―（　）集

□ 4 通常―（　）時

□ 5 義務―（　）利

類義語

□ 6 有名―（　）名

□ 7 方法―手（　）

□ 8 助言―（　）告

□ 9 広告―（　）伝

□ 10 真心―（　）意

かた・けん・しゅく・せい・せん・だん・ちゅう・ちょ・みっ・りん

対義語

□ 11 退職―（　）職

□ 12 過去―（　）来

□ 13 冷静―興（　）

□ 14 誕生―死（　）

□ 15 可決―（　）決

□ 16 同質―（　）質

□ 17 実物―（　）型

類義語

□ 18 給料―（　）金

□ 19 快活―明（　）

□ 20 役目―役（　）

□ 21 始末―（　）理

□ 22 加入―加（　）

□ 23 開演―開（　）

□ 24 質問―質（　）

い・ぎ・しゅう・しょ・しょう・ちん・ひ・ふん・ぼう・まく・めい・も・ろう・わり

同じ読みの漢字

◆次の——線の**カタカナ**を**漢字**になおしなさい。

解答➡別冊P.3

合格点 13/18　得点 /18

1 飛行機が急**コウカ**する。（　）

2 この薬はやけどに**コウカ**がある。（　）

3 **ジコ**中心的な考え方をする。（　）

4 近くで交通**ジコ**が起きた。（　）

5 新機能が**ナイゾウ**されたテレビ。（　）

6 **ナイゾウ**の検査を受ける。（　）

7 **シキ**折折の草花を楽しむ。（　）

8 楽団の**シキ**者を務める。（　）

9 **カンケツ**でよくわかる文章を書く。（　）

10 新聞の長編小説が**カンケツ**した。（　）

11 **セイカ**リレーの走者に任命される。（　）

12 ここがピカソの**セイカ**だ。（　）

13 **ジシン**のN極は北を示す。（　）

14 **ジシン**に満ちあふれた表情。（　）

15 雨がやんで**シカイ**が開けた。（　）

16 受賞記念パーティの**シカイ**をする。（　）

17 入試に**ソナ**え必死に勉強する。（　）

18 お墓に花を**ソナ**える。（　）

2日目 練習ドリル

読み

◆次の――線の漢字の読みをひらがなで書きなさい。

解答➡別冊P.4

合格点	得点
17/23	/23

□ 1 **著名**な作家と知り合う。（　　）

□ 2 美術品の**展覧会**が開かれた。（　　）

□ 3 ピアノの**演奏**に耳をかたむける。（　　）

□ 4 先生が生徒の家を**訪問**する。（　　）

□ 5 **養蚕**は中国から伝わったという。（　　）

□ 6 正月に神社**仏閣**にお参りする。（　　）

□ 7 ジムで**筋力**をつける運動をする。（　　）

□ 8 子どもを**優先**して入場させる。（　　）

□ 9 残った料理を**冷蔵**しておく。（　　）

□ 10 各国の**首脳**が東京に集まった。（　　）

□ 11 **純真**な心を持っている。（　　）

□ 12 光が**反射**して見えない。（　　）

□ 13 クワガタが**樹液**をすする。（　　）

□ 14 育ててくれた母親を**尊敬**する。（　　）

□ 15 地形図に**縮尺**を表記する。（　　）

□ 16 自室の**机**の上を片付ける。（　　）

□ 17 方向を**誤**り目的地を見失う。（　　）

□ 18 池のコイが**我**先にえさに群がる。（　　）

□ 19 ビンの底に**穴**が空いている。（　　）

□ 20 目を**閉**じ耳をすまして聞く。（　　）

□ 21 医者の**卵**として研修中の身だ。（　　）

□ 22 父は銀行に**勤**めている。（　　）

□ 23 希望に**胸**をふくらませる。（　　）

書き取り

◆次の——線の**カタカナ**を**漢字**になおしなさい。

解答➡別冊 P.4

合格点	得点
17/23	/23

□ 1 牧場で**ギュウニュウ**をしぼる。（　　）

□ 2 休日は**オンセン**でのんびりする。（　　）

□ 3 秋の月を見て**ハイク**をよむ。（　　）

□ 4 英語とロシア語の**ツウヤク**をする。（　　）

□ 5 日本海**エンガン**の町に住む。（　　）

□ 6 美しい風景の**エイゾウ**が流れる。（　　）

□ 7 **テッコツ**を組んでビルを建設する。（　　）

□ 8 飛行機の**モケイ**を組み立てる。（　　）

□ 9 雨で遠足が一日**エンキ**になる。（　　）

□ 10 **タンニン**の先生に相談する。（　　）

□ 11 世界自然**イサン**に登録される。（　　）

□ 12 日本の**ショウライ**を考える。（　　）

□ 13 曲がった**シセイ**を直す。（　　）

□ 14 大がかりな実験の**ソウチ**を作る。（　　）

□ 15 不要なデータを**ジョガイ**する。（　　）

□ 16 傷口に包帯を**マ**いていく。（　　）

□ 17 待っていた知らせが**トド**いた。（　　）

□ 18 町で急ぎの用を**ス**ませる。（　　）

□ 19 夕食に友達を**ヨ**ぶ。（　　）

□ 20 朝起きたら雪が**フ**っていた。（　　）

□ 21 山頂に着いて大きく息を**ス**う。（　　）

□ 22 家に代代伝わる**タカラ**。（　　）

□ 23 小学生が**スナ**遊びをする。（　　）

部首と部首名

◆次の漢字の部首と部首名を後の□の中から選び、記号で答えなさい。

解答➡別冊P.4

合格点	得点
14/20	/20

部首・部首名

- □ 1 署 [　] (　)
- □ 2 盟 [　] (　)
- □ 3 創 [　] (　)
- □ 4 層 [　] (　)

部首・部首名

- □ 5 庁 [　] (　)
- □ 6 熟 [　] (　)
- □ 7 箇 [　] (　)
- □ 8 郷 [　] (　)

あ 阝　い 罒　う 广　え 刂　お 尸　か ⺮　き 灬　く 皿

ア まだれ　イ れんが・れっか　ウ さら　エ あみがしら・あみめ・よこめ　オ りっとう　カ おおざと　キ たけかんむり　ク かばね・しかばね

部首・部首名

- □ 9 枚 [　] (　)
- □ 10 劇 [　] (　)
- □ 11 困 [　] (　)
- □ 12 窓 [　] (　)
- □ 13 聖 [　] (　)
- □ 14 誕 [　] (　)

部首・部首名

- □ 15 賃 [　] (　)
- □ 16 蒸 [　] (　)
- □ 17 憲 [　] (　)
- □ 18 陛 [　] (　)
- □ 19 盛 [　] (　)
- □ 20 勤 [　] (　)

あ 耳　い 言　う 木　え 心　お 口　か 皿　き 艹　く 阝　け 穴　こ 刂　さ 力　し 貝

ア くにがまえ　イ さら　ウ ちから　エ ごんべん　オ こころ　カ りっとう　キ かい・こがい　ク あなかんむり　ケ こざとへん　コ みみ　サ きへん　シ くさかんむり

熟語作り

◆後の□の中から漢字を選んで、次の意味にあてはまる熟語を作りなさい。答えは**記号**で書きなさい。

解答➡別冊P.5

合格点	得点
9/12	/12

□ 1 そうではないと打ち消すこと。（　・　）

□ 2 一つのことに集中すること。（　・　）

□ 3 大きく広げること。（　・　）

□ 4 ものごとに動じない心。（　・　）

□ 5 病人やけが人の世話をすること。（　・　）

ア 専　イ 護　ウ 就　エ 度　オ 否　カ 念　キ 張　ク 職　ケ 看
コ 胸　サ 拡　シ 定

□ 6 心が高ぶること。（　・　）

□ 7 ものごとのねうちやあたい。（　・　）

□ 8 ずたずたにたち切ること。（　・　）

□ 9 人目をひくほどはなやかなこと。（　・　）

□ 10 見わたすことができるはんい。（　・　）

□ 11 注意をよびかける知らせ。（　・　）

□ 12 まじめで心のこもっていること。（　・　）

ア 気　イ 手　ウ 寸　エ 視　オ 奮　カ 断　キ 誠　ク 派　ケ 景
コ 界　サ 報　シ 実　ス 興　セ 値　ソ 警　タ 価

送りがな

◆次の——線のカタカナの部分を**漢字一字と送りがな（ひらがな）**になおしなさい。

解答➡別冊P.5

合格点	得点
17/23	/23

□ 1 末の弟は考え方もまだ**オサナイ**。

□ 2 大雨で交通機関が**ミダレル**。

□ 3 夜中の一人歩きは**アブナイ**。

□ 4 生ごみを決まった曜日に**ステル**。

□ 5 **ムズカシイ**課題を提示する。

□ 6 不足しがちな栄養素を**オギナウ**。

□ 7 銀行にお金を**アズケル**。

□ 8 クラスの中で意見が**ワレル**。

□ 9 今年の冬は寒さが**キビシイ**。

□ 10 白地の布を青く**ソメル**。

□ 11 山で**ハゲシイ**雨に打たれる。

□ 12 相手の言い分を**ミトメル**。

□ 13 あの男が犯人だと**ウタガウ**。

□ 14 仏様に**ソナエル**花を買う。

□ 15 雨水が屋根を伝って**タレル**。

□ 16 上官の命令に**シタガウ**。

□ 17 秋も深まり日が早く**クレル**。

□ 18 休日に洋服を**アラウ**。

□ 19 法律で罪人を**サバク**。

□ 20 商品を順序良く**ナラベル**。

□ 21 大切な約束を**ワスレル**。

□ 22 仏像を心から**オガム**。

□ 23 体のあちこちが**イタイ**。

四字熟語

◆次のカタカナを漢字になおし、一字だけ書きなさい。

解答➡別冊P.5

合格点	得点
17/23	/23

1. 学習意**ヨク**（　　）
2. 自**キュウ**自足（　　）
3. 集合住**タク**（　　）
4. 月刊雑**シ**（　　）
5. 基本方**シン**（　　）
6. **リン**時列車（　　）
7. 永久**ジ**石（　　）
8. 政治改**カク**（　　）
9. 平和**セン**言（　　）
10. 実力発**キ**（　　）
11. 天然資**ゲン**（　　）
12. 自**コ**主張（　　）
13. 世**ロン**調査（　　）
14. 精**ミツ**機械（　　）
15. 問題**ショ**理（　　）
16. **イ**口同音（　　）
17. **カタ**側通行（　　）
18. **スイ**理小説（　　）
19. **ザ**席指定（　　）
20. 人**ケン**尊重（　　）
21. 地**イキ**社会（　　）
22. 公**シュウ**電話（　　）
23. 書留**ユウ**便（　　）

3日目 練習ドリル

読み

◆次の――線の漢字の読みをひらがなで書きなさい。

解答➡別冊P.6

合格点	得点
17/23	/23

□ 1 道路の補修工事が続いている。（　）

□ 2 穀物の豊作を祝う。（　）

□ 3 食べ過ぎたので胃腸薬を飲む。（　）

□ 4 言いたいことを簡潔に述べる。（　）

□ 5 デパートで火災警報器が鳴る。（　）

□ 6 苦手な授業を負担に感じる。（　）

□ 7 今日は庭の除草をする予定だ。（　）

□ 8 事業の規模を拡張する。（　）

□ 9 事件の背景を知りたい。（　）

□ 10 保育所の幼児と遊ぶ。（　）

□ 11 高層階から地上を見下ろす。（　）

□ 12 資料を三年間保存する。（　）

□ 13 今年はりんごの成熟が早い。（　）

□ 14 きれいな紙で箱を包装する。（　）

□ 15 いよいよ開幕の時をむかえた。（　）

□ 16 午前中に花束が届いた。（　）

□ 17 上官の命令に従って行動する。（　）

□ 18 相手の意向に沿うよう努力する。（　）

□ 19 名前を呼ばれてふり返る。（　）

□ 20 大きなポスターを巻いて持ち運ぶ。（　）

□ 21 ここ数日は天候が暖かい。（　）

□ 22 どうぞ奮ってご参加ください。（　）

□ 23 幸い傷は浅かった。（　）

書き取り

◆次の――線の**カタカナ**を**漢字**になおしなさい。

解答➡別冊 P.6

合格点	得点
17/23	/23

□ 1 ピアノの**エンソウ**が流れる店。（　　）

□ 2 コンサートの**シキ**者を務める。（　　）

□ 3 放課後に校庭の**テツボウ**で遊ぶ。（　　）

□ 4 米を倉庫に**チョゾウ**する。（　　）

□ 5 バーベルで**キンニク**をきたえる。（　　）

□ 6 新商品を大大的に**センデン**する。（　　）

□ 7 神社の**サンパイ**の前に手を清める。（　　）

□ 8 みんなの前で詩を**ロウドク**する。（　　）

□ 9 **ユウビン**物をポストに入れる。（　　）

□ 10 午後は**コウスイ**の確率が高い。（　　）

□ 11 店に大きな**カンバン**をかける。（　　）

□ 12 毎朝ラジオ**タイソウ**をする。（　　）

□ 13 **キケン**な仕事を断る。（　　）

□ 14 寺で**コクホウ**が公開される。（　　）

□ 15 先生には**ケイゴ**で接する。（　　）

□ 16 ご飯は大**モ**りを注文する。（　　）

□ 17 旅の思い出を心に**キザ**む。（　　）

□ 18 未来に向かい**ムネ**を張って歩く。（　　）

□ 19 朝食を**ス**ませて学校へ行く。（　　）

□ 20 はっきりしない態度に**ハラ**が立つ。（　　）

□ 21 家にお金を**ワス**れる。（　　）

□ 22 野菜を**アラ**って調理する。（　　）

□ 23 文字の**アヤマ**りを正す。（　　）

筆順・画数

◆次の漢字の**太い**画のところは**筆順の何画目**か、また**総画数は何画**か、**算用数字**（1、2、3…）で答えなさい。

解答➡別冊P.6

合格点	得点
20/28	/28

番号	漢字	何画目	総画数
1	我	（　）	［　］
2	陛	（　）	［　］
3	染	（　）	［　］
4	俳	（　）	［　］
5	閣	（　）	［　］
6	蒸	（　）	［　］
7	推	（　）	［　］
8	班	（　）	［　］
9	訪	（　）	［　］
10	認	（　）	［　］
11	脳	（　）	［　］
12	系	（　）	［　］
13	革	（　）	［　］
14	貴	（　）	［　］
15	権	（　）	［　］
16	裁	（　）	［　］
17	誕	（　）	［　］
18	宙	（　）	［　］
19	処	（　）	［　］
20	郷	（　）	［　］
21	冊	（　）	［　］
22	善	（　）	［　］
23	障	（　）	［　］
24	聖	（　）	［　］
25	骨	（　）	［　］
26	垂	（　）	［　］
27	灰	（　）	［　］
28	派	（　）	［　］

音と訓

◆漢字の読みには**音**と**訓**があります。次の**熟語の読み**は□の中のどの組み合わせになっていますか。**ア〜エ**の**記号**で答えなさい。

解答➡別冊P.7

合格点 21/30　得点 /30

ア 音と音　**イ** 音と訓　**ウ** 訓と訓　**エ** 訓と音

- □ 1 砂地（　）
- □ 2 針金（　）
- □ 3 若気（　）
- □ 4 図星（　）
- □ 5 窓口（　）
- □ 6 系統（　）
- □ 7 起源（　）
- □ 8 口紅（　）
- □ 9 穴場（　）
- □ 10 重箱（　）
- □ 11 遺産（　）
- □ 12 職場（　）
- □ 13 手順（　）
- □ 14 背後（　）
- □ 15 官庁（　）
- □ 16 布製（　）
- □ 17 骨身（　）
- □ 18 仁義（　）
- □ 19 石段（　）
- □ 20 試合（　）
- □ 21 片道（　）
- □ 22 裏山（　）
- □ 23 生傷（　）
- □ 24 湯気（　）
- □ 25 牛乳（　）
- □ 26 絹地（　）
- □ 27 鉄鋼（　）
- □ 28 新型（　）
- □ 29 道筋（　）
- □ 30 残高（　）

対義語・類義語

解答➡別冊P.7

◆後の□の中のひらがなを漢字になおして、**対義語**（意味が反対や対《つい》になることば）と、**類義語**（意味がよくにたことば）を書きなさい。□の中のひらがなは**一度だけ**使い、**漢字一字**を書きなさい。

合格点	得点
17/24	/24

対義語

□ 1 横糸―（　）糸

□ 2 支出―（　）入

□ 3 容易―困（　）

□ 4 整理―散（　）

□ 5 定例―（　）時

類義語

□ 6 後方―（　）後

□ 7 作者―（　）者

□ 8 地区―地（　）

□ 9 未来―（　）来

□ 10 価格―（　）段

いき・しゅう・しょう・たて・ちょ・なん・ね・はい・らん・りん

対義語

□ 11 複雑―単（　）

□ 12 応答―質（　）

□ 13 快楽―苦（　）

□ 14 外出―帰（　）

□ 15 尊重―無（　）

□ 16 短縮―（　）長

□ 17 公開―（　）密

類義語

□ 18 大木―大（　）

□ 19 討議―討（　）

□ 20 自分―自（　）

□ 21 反対―（　）議

□ 22 感動―感（　）

□ 23 設立―（　）立

□ 24 任務―役（　）

い・えん・ぎ・げき・こ・し・じゅ・じゅん・そう・たく・つう・ひ・ろん・わり

同じ読みの漢字

◆次の――線の**カタカナ**を**漢字**になおしなさい。

解答➡別冊P.7

合格点	得点
13/18	/18

1 高名な作詞家が事故で**シボウ**した。

2 先生と相談して**シボウ**校を決める。

3 品質が**ユウリョウ**な製品を作る。

4 不用品を**ユウリョウ**で集める。

5 新しく**ヤク**された本を読む。

6 入場者は**ヤク**五万人だ。

7 **トウブン**の取り過ぎに気をつける。

8 兄弟にケーキを**トウブン**する。

9 大勢の**カンシュウ**を前に歌う。

10 **カンシュウ**に従い式を挙げる。

11 バスが駅前を**ハッシャ**する。

12 ロケットの**ハッシャ**場を見学する。

13 駅に**テンジ**ブロックを設置する。

14 多くの美術品が**テンジ**される。

15 タクシー代を**ゲンキン**ではらう。

16 飲酒をしての運転は**ゲンキン**だ。

17 新しいテレビの**ウツ**りが悪い。

18 事務所を都心近くに**ウツ**す。

4日目 練習ドリル

読み

◆次の――線の漢字の読みをひらがなで書きなさい。

解答➡別冊P.8

合格点	得点
17/23	/23

- □ 1 入学試験の**対策**を練る。（　　）
- □ 2 チームの逆転勝利に**興奮**する。（　　）
- □ 3 やかんから**蒸気**がふき出す。（　　）
- □ 4 相手とぴったり**呼吸**があう。（　　）
- □ 5 この会社の**創立**は五十年前だ。（　　）
- □ 6 戦国**武将**の物語を読む。（　　）
- □ 7 意図が**誤解**されたのは残念だ。（　　）
- □ 8 **回数券**を使って地下鉄に乗る。（　　）
- □ 9 寺の伝説を記した**絵巻物**を見る。（　　）
- □ 10 ラジオ局で番組を**収録**する。（　　）
- □ 11 新しい**庁舎**が完成する。（　　）
- □ 12 カラーの**映像**には説得力がある。（　　）
- □ 13 **車窓**からのながめを楽しむ。（　　）
- □ 14 **資源**の有効利用を考える。（　　）
- □ 15 雨のため運動会は**順延**となった。（　　）
- □ 16 朝顔の色水で布を**染**める。（　　）
- □ 17 **筋道**を立ててわかりやすく話す。（　　）
- □ 18 晴れた日にふとんを**干**す。（　　）
- □ 19 雨が降ると古傷が**痛**む。（　　）
- □ 20 平和の**尊**さをうったえる。（　　）
- □ 21 恩師の言葉は胸に**刻**まれている。（　　）
- □ 22 一列に**並**んで順番を待つ。（　　）
- □ 23 午後七時に**割引**セールが始まる。（　　）

書き取り

◆次の——線の**カタカナ**を**漢字**になおしなさい。

解答➡別冊 P.8

合格点	得点
17/23	/23

□ 1 ラテン語を英語に**ヤク**す。（　　）

□ 2 体育館に絵を**テンジ**する。（　　）

□ 3 今とは時代**ハイケイ**がちがう。（　　）

□ 4 事件の一部始終を**スイリ**する。（　　）

□ 5 たたみの上の土足は**ゲンキン**だ。（　　）

□ 6 建物の周辺を**ケイビ**する。（　　）

□ 7 外出用の**フクソウ**に着がえる。（　　）

□ 8 笛とピアノで**ガッソウ**する。（　　）

□ 9 春らしい**モヨウ**の上着を買う。（　　）

□ 10 **ネダン**の高さにおどろいた。（　　）

□ 11 柱を**スイチョク**に立てる。（　　）

□ 12 **キョウリ**の町は昔と変わった。（　　）

□ 13 将来は**サイバン**官になりたい。（　　）

□ 14 **レイゾウコ**を買いかえる。（　　）

□ 15 原文を**チュウジツ**に写す。（　　）

□ 16 川に**ソ**って上流へ行く。（　　）

□ 17 地図に**シタガ**って歩く。（　　）

□ 18 相手の作戦の**ウラ**をよむ。（　　）

□ 19 海で初日の出を**オガ**む。（　　）

□ 20 **オサナ**い子どもといっしょに遊ぶ。（　　）

□ 21 道が細くてとても**アブ**ない。（　　）

□ 22 悪政によって世の中が**ミダ**れる。（　　）

□ 23 はるかに山の**イタダキ**を望む。（　　）

熟語作り

◆後の□の中から漢字を選んで、次の意味にあてはまる**熟語**を作りなさい。答えは**記号**で書きなさい。

合格点	得点
9/12	/12

□ 1 役目につくこと。（　・　）

□ 2 団体になかま入りすること。（　・　）

□ 3 短くてよくまとまっていること。（　・　）

□ 4 お年寄りをうやまうこと。（　・　）

□ 5 仕事や責任を引き受けること。（　・　）

ア 盟　イ 潔　ウ 任　エ 老　オ 簡　カ 負　キ 加　ク 読　ケ 就
コ 担　サ 敬　シ 書

□ 6 新しいものをつくりだすこと。（　・　）

□ 7 うそいつわりのない、まじめな心。（　・　）

□ 8 あらため、良くすること。（　・　）

□ 9 ほんのすこしまえ。（　・　）

□ 10 一生のおわりに近いころ。（　・　）

□ 11 くわしく調べ、よしあしを考えること。（　・　）

□ 12 能力などを十分に表すこと。（　・　）

ア 波　イ 年　ウ 討　エ 揮　オ 革　カ 脳　キ 改　ク 作　ケ 意
コ 発　サ 検　シ 前　ス 創　セ 誠　ソ 寸　タ 晩

熟語の構成

◆漢字を二字組み合わせた熟語では、二つの漢字の間に意味の上で、次のような関係があります。

解答➡別冊P.8

合格点	得点
19/26	/26

ア 反対や対《つい》になる意味の字を組み合わせたもの……（強弱）
イ 同じような意味の字を組み合わせたもの……………（進行）
ウ 上の字が下の字の意味を説明（修飾《しょく》）しているもの…（国旗）
エ 下の字から上の字へ返って読むと意味がよくわかるもの…（消火）
オ 上の字が下の字の意味を打ち消しているもの……（非常）

次の**熟語**は、右の**ア**～**オ**のどれにあたるか、**記号**で答えなさい。

□ 1 無難（　　）
□ 2 乗降（　　）
□ 3 自己（　　）
□ 4 納税（　　）
□ 5 立腹（　　）
□ 6 収納（　　）
□ 7 善悪（　　）
□ 8 存在（　　）
□ 9 翌日（　　）
□ 10 養蚕（　　）
□ 11 勤務（　　）
□ 12 帰宅（　　）
□ 13 牛乳（　　）
□ 14 洗車（　　）
□ 15 舌先（　　）
□ 16 紅白（　　）
□ 17 未熟（　　）
□ 18 植樹（　　）
□ 19 閉店（　　）
□ 20 皇后（　　）
□ 21 不孝（　　）
□ 22 縦横（　　）
□ 23 負傷（　　）
□ 24 宝石（　　）
□ 25 除草（　　）
□ 26 公私（　　）

四字熟語

◆次のカタカナを漢字になおし、一字だけ書きなさい。

解答➡別冊P.9

合格点	得点
17/23	/23

□ 1 **ユウ**先順位（　　）

□ 2 政**トウ**政治（　　）

□ 3 複雑**コッ**折（　　）

□ 4 針小**ボウ**大（　　）

□ 5 反**シャ**神経（　　）

□ 6 **セン**門学校（　　）

□ 7 学級日**シ**（　　）

□ 8 四**シャ**五入（　　）

□ 9 器械体**ソウ**（　　）

□ 10 人口**ミツ**度（　　）

□ 11 世界**イ**産（　　）

□ 12 宇**チュウ**遊泳（　　）

□ 13 言語道**ダン**（　　）

□ 14 **ホ**足説明（　　）

□ 15 家庭**ホウ**問（　　）

□ 16 自画自**サン**（　　）

□ 17 **リン**機応変（　　）

□ 18 絶体絶**メイ**（　　）

□ 19 私利私**ヨク**（　　）

□ 20 天変地**イ**（　　）

□ 21 半信半**ギ**（　　）

□ 22 公**シュウ**道徳（　　）

□ 23 **ユウ**便配達（　　）

同じ読みの漢字

◆次の――線のカタカナを漢字になおしなさい。

解答➡別冊P.9

合格点	得点
13/18	/18

□ 1 **カンゲキ**とはしばいをみること。（　　）

□ 2 努力する姿に**カンゲキ**した。（　　）

□ 3 日本で首脳**カイダン**が行われた。（　　）

□ 4 **カイダン**の上が私の部屋だ。（　　）

□ 5 交通費を**シキュウ**する。（　　）

□ 6 **シキュウ**電話するよう伝言した。（　　）

□ 7 プレゼントの箱を**ホウソウ**する。（　　）

□ 8 校内**ホウソウ**で音楽をかける。（　　）

□ 9 問題の**セイトウ**を導き出す。（　　）

□ 10 **セイトウ**な理由なく欠席する。（　　）

□ 11 天候の変化を**チュウシ**する。（　　）

□ 12 雨で遠足が**チュウシ**になった。（　　）

□ 13 都会には**コウソウ**のビルが多い。（　　）

□ 14 新しい小説の**コウソウ**を練る。（　　）

□ 15 料理は**シオ**の加減しだいだ。（　　）

□ 16 **シオ**の満ち引きの差が大きい。（　　）

□ 17 となりの街に一人で**ス**む。（　　）

□ 18 話し合いは全部**ス**んだ。（　　）

5日目 練習ドリル

読み

◆次の——線の漢字の読みをひらがなで書きなさい。

解答➡別冊P.10

合格点	得点
17/23	/23

□ 1 ここ数年の出生率の**推移**を見る。（　　）

□ 2 **地域**の代表として参加する。（　　）

□ 3 大臣が諸国を**歴訪**している。（　　）

□ 4 地球は**太陽系**の一部である。（　　）

□ 5 山の**中腹**まで自動車で登る。（　　）

□ 6 ドレスに合う**宝石**を身につける。（　　）

□ 7 友人は野球部の**主将**になった。（　　）

□ 8 村に**伝承**された料理をふるまう。（　　）

□ 9 **負傷**した兵士の手当てをする。（　　）

□ 10 実に**痛快**な気分だ。（　　）

□ 11 ピアノの**独奏**から曲が始まる。（　　）

□ 12 **養蚕**は伝統的な産業である。（　　）

□ 13 国民の義務の一つが**納税**だ。（　　）

□ 14 **針葉樹**の森が広がっている。（　　）

□ 15 あの法律には思わぬ**穴**がある。（　　）

□ 16 ライバルチームが**激**しくぶつかる。（　　）

□ 17 久しぶりに毛布を**洗**った。（　　）

□ 18 書店で弟の**姿**を見かけた。（　　）

□ 19 **幼**い子どもを連れて外出する。（　　）

□ 20 運動会が一週間先に**延**びた。（　　）

□ 21 スカウトに実力が**認**められる。（　　）

□ 22 柱を**背**にしてすわる。（　　）

□ 23 昨日は太平洋側に雨が**降**った。（　　）

書き取り

◆次の――線のカタカナを漢字になおしなさい。

解答➡別冊P.10

合格点	得点
17/23	/23

- 1 自転車の**コショウ**を直す。（　）
- 2 準備**タイソウ**をしてから泳ぐ。（　）
- 3 **コウチャ**を入れてひと休みする。（　）
- 4 文化祭の**ゲキ**が始まる。（　）
- 5 原子物理学を**センモン**に学ぶ。（　）
- 6 必要な紙の**マイスウ**を伝える。（　）
- 7 母の**カンビョウ**のため早退する。（　）
- 8 **チョウジョウ**には山小屋がある。（　）
- 9 決勝で**キョウテキ**に敗れる。（　）
- 10 荷物が**サンラン**していた。（　）
- 11 結果を**ボウ**グラフで示す。（　）
- 12 希望が**ハンエイ**された形だ。（　）
- 13 身体検査で**キョウイ**を測る。（　）
- 14 スキーで転んで**コッセツ**した。（　）
- 15 晴れた日に洗たく物を外に**ホ**す。（　）
- 16 この曲は**ワカモノ**に人気がある。（　）
- 17 日が**ク**れて家に帰る。（　）
- 18 食べられない所を取り**ノゾ**く。（　）
- 19 **コマ**っている人を助ける。（　）
- 20 強風で**スナ**ぼこりがまう。（　）
- 21 自分を**キビ**しくいましめる。（　）
- 22 **タテ**書きの問題を読む。（　）
- 23 **ス**てられているゴミを拾う。（　）

部首と部首名

◆次の漢字の**部首**と**部首名**を後の□の中から選び、**記号**で答えなさい。

解答➡別冊P.10

合格点	得点
14/20	/20

（部首［　］　部首名（　））

□ 1 割［　］（　）
□ 2 我［　］（　）
□ 3 痛［　］（　）
□ 4 裁［　］（　）

□ 5 郵［　］（　）
□ 6 閣［　］（　）
□ 7 庁［　］（　）
□ 8 染［　］（　）

あ 疒　い 衣　う 木
え 阝　お 戈　か 广
き 刂　く 門

ア ころも　イ まだれ
ウ ほこづくり・ほこがまえ　エ き
オ おおざと　カ やまいだれ
キ もんがまえ　ク りっとう

（部首［　］　部首名（　））

□ 9 敬［　］（　）
□ 10 蔵［　］（　）
□ 11 陛［　］（　）
□ 12 宗［　］（　）
□ 13 届［　］（　）
□ 14 筋［　］（　）

□ 15 忘［　］（　）
□ 16 幕［　］（　）
□ 17 欲［　］（　）
□ 18 熟［　］（　）
□ 19 盛［　］（　）
□ 20 肺［　］（　）

あ ⺮　い 阝　う 欠
え 艹　お 心　か 灬
き 皿　く 尸　け 月
こ 攵　さ 巾　し 宀

ア こころ　イ たけかんむり
ウ こざとへん　エ にくづき
オ さら　カ のぶん・ぼくづくり
キ うかんむり　ク あくび・かける
ケ はば　コ れんが・れっか
サ くさかんむり　シ かばね・しかばね

筆順・画数

◆次の漢字の太い画のところは筆順の何画目か、また総画数は何画か、算用数字（1、2、3…）で答えなさい。

解答➡別冊P.11

合格点	得点
20/28	/28

何画目（　）　総画数〔　〕

□1 処（　）〔　〕

□2 党（　）〔　〕

□3 否（　）〔　〕

□4 純（　）〔　〕

□5 冊（　）〔　〕

□6 訳（　）〔　〕

□7 皇（　）〔　〕

□8 詞（　）〔　〕

□9 覧（　）〔　〕

□10 装（　）〔　〕

□11 将（　）〔　〕

□12 系（　）〔　〕

□13 若（　）〔　〕

□14 延（　）〔　〕

□15 孝（　）〔　〕

□16 臨（　）〔　〕

□17 城（　）〔　〕

□18 奮（　）〔　〕

□19 誤（　）〔　〕

□20 脳（　）〔　〕

□21 射（　）〔　〕

□22 遺（　）〔　〕

□23 班（　）〔　〕

□24 呼（　）〔　〕

□25 片（　）〔　〕

□26 灰（　）〔　〕

□27 憲（　）〔　〕

□28 乳（　）〔　〕

熟語作り

◆後の［　］の中から漢字を選んで、次の意味にあてはまる**熟語**を作りなさい。答えは**記号**で書きなさい。

合格点	得点
9/12	/12

□ 1 生活や行いのもとになるきまり。（　・　）

□ 2 全体をわけあって受けもつこと。（　・　）

□ 3 ほしいとねがう気持ち。（　・　）

□ 4 たいへんいそぐこと。（　・　）

□ 5 まちがった知らせ。（　・　）

ア 望　イ 激　ウ 至　エ 欲　オ 律　カ 感　キ 誤　ク 規　ケ 分
コ 急　サ 担　シ 報

□ 6 まだ十分に実っていないこと。（　・　）

□ 7 卒業した学校がおなじであること。（　・　）

□ 8 おしはかって決めること。（　・　）

□ 9 ものごとの善悪などに意見を言うこと。（　・　）

□ 10 人間のちえでは計れない不思議なこと。（　・　）

□ 11 気持ちや考えがきれいなこと。（　・　）

□ 12 なまえがよく知られていること。（　・　）

ア 定　イ 秘　ウ 評　エ 熟　オ 名　カ 未　キ 批　ク 動　ケ 同
コ 真　サ 著　シ 運　ス 純　セ 推　ソ 窓　タ 神

四字熟語

◆次のカタカナを漢字になおし、一字だけ書きなさい。

解答➡別冊 P.11

合格点	得点
17/23	/23

1. **エン**岸漁業（　　）
2. **カブ**式会社（　　）
3. **ゾウ**器移植（　　）
4. **カク**張工事（　　）
5. **ショ**名運動（　　）
6. 一心不**ラン**（　　）
7. 質**ギ**応答（　　）
8. 景気対**サク**（　　）
9. 大同小**イ**（　　）
10. 技術**カク**新（　　）
11. 独立**セン**言（　　）
12. 無理**ナン**題（　　）
13. 賛否両**ロン**（　　）
14. 自**コ**満足（　　）
15. 方位**ジ**針（　　）
16. 高**ソウ**建築（　　）
17. 明**ロウ**快活（　　）
18. 大器**バン**成（　　）
19. 空前**ゼツ**後（　　）
20. 天地**ソウ**造（　　）
21. 酸素**キュウ**入（　　）
22. 一進一**タイ**（　　）
23. 宇**チュウ**旅行（　　）

5日目

対義語・類義語

解答➡別冊P.12

合格点 17/24　得点 /24

◆後の［　］の中のひらがなを漢字になおして、**対義語**（意味が反対や対《つい》になることば）と、**類義語**（意味がよくにたことば）を書きなさい。［　］の中のひらがなは**一度だけ**使い、**漢字一字**を書きなさい。

対義語

□ 1 寒冷―温（　　）

□ 2 水平―（　　）直

□ 3 地味―（　　）手

□ 4 辞任―（　　）任

□ 5 河口―水（　　）

類義語

□ 6 進歩―発（　　）

□ 7 他界―死（　　）

□ 8 役者―俳（　　）

□ 9 出生―（　　）生

□ 10 指図―指（　　）

き・げん・しゅう・すい・たん・だん・てん・は・ぼう・ゆう

対義語

□ 11 複雑―（　　）単

□ 12 借用―返（　　）

□ 13 悪意―（　　）意

□ 14 実物―（　　）型

□ 15 表側―（　　）側

□ 16 目的―手（　　）

□ 17 義務―（　　）利

類義語

□ 18 大切―（　　）重

□ 19 保管―保（　　）

□ 20 給料―（　　）金

□ 21 直前―（　　）前

□ 22 家屋―住（　　）

□ 23 苦言―（　　）告

□ 24 入会―加（　　）

うら・かん・き・けん・さい・すん・ぜん・ぞん・たく・だん・ちゅう・ちん・めい・も

同じ読みの漢字

◆次の——線のカタカナを**漢字**になおしなさい。

解答➡別冊P.12

合格点	得点
13/18	/18

□ 1 波があるので遊泳**キンシ**だ。（　　）

□ 2 **キンシ**で黒板がよく見えない。（　　）

□ 3 現場に**ケイカン**がかけつける。（　　）

□ 4 ビルが町の**ケイカン**をそこなう。（　　）

□ 5 **キンゾク**の板を加工する。（　　）

□ 6 あと五か月で**キンゾク**三十年だ。（　　）

□ 7 **キョウド**の歴史を大切にする。（　　）

□ 8 建物の材料の**キョウド**を測る。（　　）

□ 9 来週はドラマの**サイシュウ**回だ。（　　）

□ 10 夏休みにこん虫**サイシュウ**をする。（　　）

□ 11 正確な**ジコク**がわからない。（　　）

□ 12 **ジコク**の歴史を学ぶ。（　　）

□ 13 **コウシュウ**電話を探す。（　　）

□ 14 夏期**コウシュウ**に参加する。（　　）

□ 15 桃《もも》太《た》郎《ろう》のお**トモ**には犬もいた。（　　）

□ 16 友人と**トモ**に力を合わせる。（　　）

□ 17 電気代の**ネ**上がりをなげく。（　　）

□ 18 美しい笛の**ネ**に聞き入った。（　　）

模《も》擬《ぎ》試験①

解答➡別冊P.13

制限時間 60分

合格点 140/200

得点 /200

①

次の——線の漢字の読みをひらがなで書きなさい。

各1点 /20

1 半熟のゆで卵を作る。（　　）

2 茶わんにご飯を盛り付ける。（　　）

3 街の中で公衆電話を見つける。（　　）

4 名月が池に映っている。（　　）

5 忘れずに保険料を納める。（　　）

6 全員そろったか点呼する。（　　）

7 子どもが障子を開けて中をのぞく。（　　）

8 国宝に指定された城が修復される。（　　）

②

次の漢字の部首を下の□、部首名を後の□の中から選び、記号で答えなさい。

各1点 /10

例 返 部首［う］ 部首名（イ）

	部首	部首名
1 署	［　］	（　）
2 誕	［　］	（　）
3 郷	［　］	（　）
4 冊	［　］	（　）
5 臓	［　］	（　）

あ 阝　い 曰　う 辶

え 言　お 月　か 耂

き 罒　く 幺　け 一

こ 冂

9 何か訳があるにちがいない。（　　）

10 防犯対策でかぎを二個つける。（　　）

11 厳しい練習の末、初めて優勝した。（　　）

12 相手の意見を尊重する。（　　）

13 級友との思い出を胸に刻む。（　　）

14 日が暮れたので帰宅する。（　　）

15 デパートで家具売場を探す。（　　）

16 大学の創設百周年を祝う。（　　）

17 おなかがすいて腹がへこむ。（　　）

18 教室の机に参考書を入れる。（　　）

19 寺にある宝物を拝む。（　　）

20 県大会の模様をラジオが伝える。（　　）

ア おいかんむり・おいがしら　**イ** しんにょう・しんにゅう
ウ よう・いとがしら　**エ** いち　**オ** おおざと　**カ** ごんべん
キ どうがまえ・けいがまえ・まきがまえ　**ク** ひらび・いわく
ケ にくづき　**コ** あみがしら・あみめ・よこめ

3 次の漢字の**太い画**のところは**筆順の何画目**か、また**総画数は何画**か、**算用数字**（1、2、3…）で答えなさい。

各1点　／10

㊒ 定　何画目（5）　総画数［8］

	何画目	総画数
1 我	（　）	［　］
2 蒸	（　）	［　］
3 閣	（　）	［　］
4 郵	（　）	［　］
5 染	（　）	［　］

4

次の――線の**カタカナ**の部分を**漢字一字**と**送りがな**（**ひらがな**）になおしなさい。

例　ボールを**ナゲル**。　（投げる）

各2点　／10

1 **オサナイ**むすめの行く末を考える。　（　　）

2 大勢が集まり行列が**ミダレル**。　（　　）

3 悪質な罪を犯した人間を**サバク**。　（　　）

4 先人を**ウヤマウ**。　（　　）

5 ふとんの中でまぶたを**トジル**。　（　　）

5

漢字の読みには**音**と**訓**があります。次の**熟語の読み**は□の中のどの組み合わせになっていますか。**ア～エ**の**記号**で答えなさい。

各2点　／20

ア 音と音　**イ** 音と訓　**ウ** 訓と訓　**エ** 訓と音

7

後の□の中のひらがなを漢字になおして、**対義語**（意味が反対や対《つい》になることば）と、**類義語**（意味がよくにたことば）を書きなさい。□の中のひらがなは**一度だけ**使い、**漢字一字**を書きなさい。

各2点　／20

対義語

1 寒流―（　）流

2 散在―（　）集

3 通常―（　）時

4 延長―短（　）

5 水平―（　）直

類義語

6 後方―（　）後

7 向上―発（　）

8 未来―（　）来

9 筆者―（　）者

10 死去―死（　）

1 砂地（　　）
2 看病（　　）
3 若葉（　　）
4 批評（　　）
5 絹製（　　）
6 諸国（　　）
7 宗教（　　）
8 派手（　　）
9 潮風（　　）
10 役割（　　）

6

次の**カタカナ**を**漢字**になおし、**一字だけ**書きなさい。

各2点　／20

1 学習意**ヨク**（　　）
2 **カク**張工事（　　）
3 **エン**岸漁業（　　）
4 平和**セン**言（　　）
5 **ホ**足説明（　　）
6 通学区**イキ**（　　）
7 教育改**カク**（　　）
8 四**シャ**五入（　　）
9 生**ゾン**競争（　　）
10 国民主**ケン**（　　）

しゅく・しょう・すい・だん・ちょ・てん・はい・ぼう・みっ・りん

8

後の□の中から漢字を選んで、次の意味にあてはまる**熟語**を作りなさい。答えは**記号**で書きなさい。

例　本をよむこと。（読書）（シ・サ）

各2点　／10

1 一つのことに集中すること。（　・　）
2 気持ちをふるい立たせること。（　・　）
3 ほんのすこしまえ。（　・　）
4 生活や集団の中での行いのきまり。（　・　）
5 ごまかしのない、まじめな心。（　・　）

ア 前　**イ** 起　**ウ** 律　**エ** 念　**オ** 奮　**カ** 専　**キ** 誠　**ク** 規
ケ 意　**コ** 寸　**サ** 書　**シ** 読

9

漢字を二字組み合わせた熟語では、二つの漢字の間に意味の上で、次のような関係があります。

各2点

/20

ア 反対や対《つい》になる意味の字を組み合わせたもの……(強弱)
イ 同じような意味の字を組み合わせたもの……(進行)
ウ 上の字が下の字の意味を説明(修飾《しょく》)しているもの……(国旗)
エ 下の字から上の字へ返って読むと意味がよくわかるもの…(消火)
オ 上の字が下の字の意味を打ち消しているもの……(非常)

次の**熟語**は、右の**ア**～**オ**のどれにあたるか、**記号**で答えなさい。

1 洗顔 (　　)
2 困苦 (　　)
3 縦横 (　　)
4 樹木 (　　)
5 乗降 (　　)
6 善良 (　　)
7 未定 (　　)
8 軽傷 (　　)
9 不満 (　　)
10 就職 (　　)

11

次の――線の**カタカナ**を**漢字**になおしなさい。

各2点

/40

1 職員室で先生の**スガタ**を見つける。(　　)
2 ご飯をのりで**マ**いてすしを作る。(　　)
3 **ウチュウ**船の打ち上げに成功する。(　　)
4 **サンチョウ**からの絶景をながめる。(　　)
5 すもうの判定は行司に**シタガ**う。(　　)
6 **マイバン**ベッドで本を読む。(　　)
7 日本の今後について**トウロン**する。(　　)
8 自宅の**ウラニワ**にタヌキが来る。(　　)
9 思いがけない便りが**トド**いた。(　　)

10 次の――線の**カタカナ**を**漢字**になおしなさい。

各2点　／20

1 三部作の映画の**カンケツ**編をみる。（　　）
2 問題点を**カンケツ**に説明する。（　　）
3 店をきれいに**カイソウ**する。（　　）
4 **カイソウ**の電車には乗れない。（　　）
5 大きな会社に**ツト**める。（　　）
6 業績の向上に**ツト**める。（　　）
7 三連休は外出せず家に**イ**る。（　　）
8 やぶさめは馬に乗って的を**イ**る。（　　）
9 薬の**コウカ**が現れる。（　　）
10 **コウカ**でとても買えない。（　　）

10 **マド**を開けて空気を入れかえる。（　　）
11 問題が起こって頭が**イタ**い。（　　）
12 多くの**セイザ**が夜空にうかぶ。（　　）
13 スポイトで水を**ス**い上げる。（　　）
14 父の**イサン**を受けつぐ。（　　）
15 行く春をおしんで**ハイク**をよむ。（　　）
16 海底**シゲン**を調査する。（　　）
17 初めて牛の**チチ**しぼりをした。（　　）
18 **タイソウ**の選手を目指す。（　　）
19 うっかり転び**コッセツ**する。（　　）
20 用事を**ス**ませてから友人と会う。（　　）

模《も》擬《ぎ》試験②

制限時間 60分

合格点 140/200

得点 /200

1

次の——線の漢字の読みをひらがなで書きなさい。

各1点 /20

1 百科事典は知識の宝庫だ。（　　）
2 勤務先まで歩いて通う。（　　）
3 木の根元で幼虫を採集する。（　　）
4 本を閉じてねむりにつく。（　　）
5 街の至る所に自動はん売機がある。（　　）
6 窓を開けて外の空気を入れる。（　　）
7 十年ぶりに父の実家を訪ねる。（　　）
8 進むに従って人が少なくなる。（　　）

2

次の漢字の部首を下の□の中から選び、記号で答えなさい。

各1点 /10

例 返　部首［お］　部首名（イ）

	漢字	部首	部首名
1	層	［　］	（　）
2	盟	［　］	（　）
3	創	［　］	（　）
4	座	［　］	（　）
5	敬	［　］	（　）

あ 日	い 尸	う 攵	
え 刂	お 辶	か 皿	
き 人	く 厂	け 广	
こ 口			

9 せっけんで手を洗った。（　　）

10 複雑な機械の操作を覚える。（　　）

11 姉が書いた曲に歌詞をつける。（　　）

12 リーダーに進んで立候補する。（　　）

13 命の縮む思いをする。（　　）

14 毎日規律ただしい生活を送る。（　　）

15 高い山の頂をめざして登る。（　　）

16 我と思わん者はためしてみよ。（　　）

17 君にはよりいっそうの奮起を望む。（　　）

18 カブトムシがクヌギの樹液に集まる。（　　）

19 深く頭《こうべ》を垂れて教えをこう。（　　）

20 美しい山の姿に見とれる。（　　）

ア がんだれ　イ しんにょう・しんにゅう
ウ ひとやね　エ かばね・しかばね　オ くち
カ ひへん　キ さら　ク りっとう
ケ のぶん・ぼくづくり　コ まだれ

3

次の漢字の**太い画**のところは**筆順の何画目**か、また**総画数は何画**か、**算用数字**（1、2、3…）で答えなさい。

各1点　／10

例　定　何画目（5）　総画数［8］

	何画目	総画数
1 陛	（　）	［　］
2 権	（　）	［　］
3 皇	（　）	［　］
4 党	（　）	［　］
5 俳	（　）	［　］

4

次の――線の**カタカナ**の部分を**漢字一字**と**送りがな（ひらがな）**になおしなさい。

各2点　/10

例　ボールを**ナゲル**。（投げる）

1　夜道の一人歩きは**アブナイ**。（　）

2　戦う前から勝負を**ステル**。（　）

3　先生のはげましを心に**キザム**。（　）

4　目を**ウタガウ**ような事態だ。（　）

5　墓前に花を**ソナエル**。（　）

5

漢字の読みには**音**と**訓**があります。次の**熟語の読み**は□の中のどの組み合わせになっていますか。**ア〜エ**の**記号**で答えなさい。

各2点　/20

ア 音と音　**イ** 音と訓　**ウ** 訓と訓　**エ** 訓と音

7

後の□の中のひらがなを漢字になおして、**対義語**（意味が反対や対《つい》になることば）と、**類義語**（意味がよくにたことば）を書きなさい。□の中のひらがなは**一度だけ**使い、**漢字一字**を書きなさい。

各2点　/20

対義語

1　寒冷―温（　）

2　両方―（　）方

3　横糸―（　）糸

4　地味―（　）手

5　表門―（　）門

類義語

6　家屋―住（　）

7　直前―（　）前

8　開演―開（　）

9　広告―（　）伝

10　作者―（　）者

1 試合（　　）
2 米俵（　　）
3 創作（　　）
4 係員（　　）
5 毛穴（　　）
6 台所（　　）
7 巻紙（　　）
8 遺伝（　　）
9 骨身（　　）
10 残高（　　）

6

次の**カタカナ**を**漢字**になおし、**一字だけ**書きなさい。

各2点　／20

1 議**ロン**百出（　　）
2 **ゾウ**器移植（　　）
3 **リン**時休業（　　）
4 失業対**サク**（　　）
5 直**シャ**日光（　　）
6 精**ミツ**検査（　　）
7 保守**カク**新（　　）
8 自己負**タン**（　　）
9 永久保**ゾン**（　　）
10 応急**ショ**置（　　）

うら・かた・すん・せん・たく・たて・だん・ちょ・は・まく

8

後の□の中から漢字を選んで、次の意味にあてはまる**熟語**を作りなさい。答えは**記号**で書きなさい。

各2点　／10

㊟例　本をよむこと。（読書）（シ・コ）

1 大きく広げること。（　・　）
2 病人やけが人の世話をすること。（　・　）
3 ものごとに動じない心。（　・　）
4 新しく、ある仕事につくこと。（　・　）
5 そうでないと打ち消すこと。（　・　）

ア 張　**イ** 定　**ウ** 看　**エ** 否　**オ** 職　**カ** 護　**キ** 胸　**ク** 拡
ケ 度　**コ** 書　**サ** 就　**シ** 読

9

漢字を二字組み合わせた熟語では、二つの漢字の間に意味の上で、次のような関係があります。

各2点　／20

ア 反対や対《つい》になる意味の字を組み合わせたもの……（強弱）
イ 同じような意味の字を組み合わせたもの……（進行）
ウ 上の字が下の字の意味を説明（修飾《しょく》）しているもの…（国旗）
エ 下の字から上の字へ返って読むと意味がよくわかるもの…（消火）
オ 上の字が下の字の意味を打ち消しているもの……（非常）

次の**熟語**は、右の**ア～オ**のどれにあたるか、**記号**で答えなさい。

1 未知（　　）
2 公私（　　）
3 死亡（　　）
4 郷里（　　）
5 閉館（　　）
6 城門（　　）
7 視点（　　）
8 尊敬（　　）
9 除雪（　　）
10 牛乳（　　）

11

次の——線の**カタカナ**を**漢字**になおしなさい。

各2点　／40

1 **ハゲ**しい雨が降り続く。（　　）
2 ピアノによる**ドクソウ**を楽しむ。（　　）
3 日が**ク**れて家路をたどる。（　　）
4 決まったやり方に**ソ**って事を進める。（　　）
5 **テツボウ**で前回りをする。（　　）
6 海外留学は**キチョウ**な体験だ。（　　）
7 上司に**ヨ**ばれて部屋に向かう。（　　）
8 うまいとうわさの店の列に**ナラ**ぶ。（　　）
9 遊泳禁止**クイキ**が設けられる。（　　）

10 次の――線の**カタカナ**を**漢字**になおしなさい。

各2点　／20

1 事件が発生し**ケイカン**が来る。

2 美しい**ケイカン**の町をめざす。

3 明るい月を湖面が**ウツ**す。

4 手本を見て書き**ウツ**す。

5 私には散歩の**シュウカン**がある。

6 **シュウカン**誌を読むのが好きだ。

7 庭の竹が広く**ネ**を張っている。

8 ほしかったゲームが**ネ**下げされた。

9 昔はよく**ハラ**っぱで遊んだものだ。

10 どうにも**ハラ**の虫がおさまらない。

---

10 **コウハク**のチームに分かれて戦う。

11 布をきれいな青に**ソ**める。

12 **ハイイロ**の雲が空をおおった。

13 オーケストラを**シキ**する。

14 使用時間を**エンチョウ**する。

15 パソコンの**デンゲン**を入れる。

16 **イズミ**のほとりで休けいする。

17 早春には**ワカバ**が芽をふく。

18 意外に**キンニク**を使う仕事だ。

19 松をあしらった**モヨウ**のふすま。

20 図書室に筆記用具を**ワス**れる。

本書は「7日間完成！漢検5級書き込み式直前ドリル三訂版」の装丁デザインを変更したもので、内容は同じです。

7日間完成！　漢検5級
書き込み式　直前対策ドリル［新装三訂版］

新装版発行　2022年5月14日
重版発行　2024年
編　者　株式会社 旺文社
発行者　粂川秀樹
発行所　株式会社 旺文社
〒162-8680　東京都新宿区横寺町55

印刷所　大日本印刷株式会社
製本所　大日本印刷株式会社

S4f130
ISBN978-4-01-092469-3

旺文社 お客様総合案内

●内容に関するお問い合わせは、弊社ホームページの「お問い合わせ」フォームにて承ります。
【WEB】 旺文社 お問い合わせフォーム
https://www.obunsha.co.jp/support/contact
●乱丁・落丁など製造不良品の交換・ご注文につきましては下記にて承ります。
【電話】0120-326-615（土・日・祝日を除く10：00～16：00）

PP

新配当漢字に対応

7日間完成！
漢検5級 直前対策ドリル

新装三訂版

書き込《こ》み式

別冊

もくじ

旺文社

1日目　練習ドリル

読み（→本冊4ページ）

1 そうち
2 てんぼうだい
3 けいとう
4 いさん
5 すいそく
6 そうさ
7 たいさく
8 はいかん
9 しんぴ
10 やく
11 ぜっちょう
12 かし
13 きゅうさい
14 しょうじ
15 まんちょう
16 さが
17 たず
18 うつ
19 く
20 も
21 まど
22 きび
23 はら

書き取り（→本冊5ページ）

1 座席
2 貴重
3 宇宙
4 警察
5 討論
6 保存
7 資源
8 優勝
9 地域
10 呼吸
11 深刻
12 補強
13 今晩
14 価値
15 枚数
16 若
17 姿
18 染
19 並
20 激
21 我
22 垂
23 痛

音と訓（→本冊6ページ）

1 **ウ**（すじ＋みち）
2 **エ**（うら＋サク）
3 **イ**（ハ＋で）
4 **ウ**（きず＋ぐち）
5 **ア**（エン＋ガン）
6 **ア**（カイ＋ラン）
7 **エ**（て＋ハイ）
8 **ア**（ケン＋ポウ）
9 **ウ**（まき＋もの）
10 **イ**（ミ＋かた）
11 **イ**（サツ＋たば）
12 **ア**（ヒ＋ヒョウ）
13 **ウ**（くろ＋しお）
14 **イ**（バン＋ぐみ）
15 **ウ**（はい＋ざら）
16 **エ**（かかり＋チョウ）
17 **ウ**（たて＋いと）
18 **ア**（カン＋ゴ）
19 **ア**（オン＋セン）
20 **イ**（カク＋やす）
21 **ウ**（こめ＋だわら）
22 **ア**（シュウ＋キョウ）
23 **エ**（ば＋ショ）
24 **ア**（ソウ＋ゾウ）
25 **ウ**（せ＋ぼね）
26 **ウ**（で＋まど）
27 **イ**（シン＋がお）

意味　読み3［一定の順序に従った統一のあるつながり］、読み18［鏡や画面などに姿や形が現れる］

28 ア（キョウ＋ド）
29 ア（サ＋トウ）
30 ウ（ふし＋あな）

●熟語の構成 （↓本冊7ページ）

1 ア（取捨《しゅしゃ》。取る⇕捨てる）
2 イ（困苦《こんく》。どちらも「くるしむ」）
3 エ（登頂《とうちょう》。登る↑頂に）
4 ウ（恩人《おんじん》。恩のある↓人）
5 エ（延期《えんき》。延ばす↑期日を）
6 イ（映写《えいしゃ》。どちらも「うつす」）
7 ウ（私用《しよう》。私の↓用事）
8 オ（不純《ふじゅん》。「純すいでない」）
9 イ（金銭《きんせん》。どちらも「おかね」）
10 イ（樹木《じゅもく》。どちらも「木」）
11 ア（難易《なんい》。難しい⇕易しい）
12 イ（除去《じょきょ》。どちらも「取り除く」）
13 ウ（胸囲《きょうい》。胸の↓まわり）
14 ア（干満《かんまん》。ひあがる⇕満ちる）
15 エ（観劇《かんげき》。みる↑劇を）
16 イ（尊敬《そんけい》。どちらも「うやまう」）
17 ア（寒暖《かんだん》。寒い⇕暖かい）
18 エ（敬老《けいろう》。敬う↑老人を）
19 ア（収支《しゅうし》。収入⇕支出）
20 オ（未納《みのう》。「まだ納めていない」）
21 イ（善良《ぜんりょう》。どちらも「よい」）
22 ア（紅白《こうはく》。赤⇕白）
23 ウ（乳歯《にゅうし》。乳児の↓歯）
24 エ（在宅《ざいたく》。いる↑自宅に）
25 ウ（半熟《はんじゅく》。半分↓うれる・にえる）
26 ア（開閉《かいへい》。開く⇕閉じる）

●対義語・類義語 （↓本冊8ページ）

1 縮（拡大《かくだい》—縮小《しゅくしょう》）
2 片（往復《おうふく》—片道《かたみち》）
3 密（散在《さんざい》—密集《みっしゅう》）
4 臨（通常《つうじょう》—臨時《りんじ》）
5 権（義務《ぎむ》—権利《けんり》）
6 著（有名《ゆうめい》—著名《ちょめい》）
7 段（方法《ほうほう》—手段《しゅだん》）
8 忠（助言《じょげん》—忠告《ちゅうこく》）
9 宣（広告《こうこく》—宣伝《せんでん》）
10 誠（真心《まごころ》—誠意《せいい》）
11 就（退職《たいしょく》—就職《しゅうしょく》）
12 将（過去《かこ》—将来《しょうらい》）
13 奮（冷静《れいせい》—興奮《こうふん》）
14 亡（誕生《たんじょう》—死亡《しぼう》）
15 否（可決《かけつ》—否決《ひけつ》）
16 異（同質《どうしつ》—異質《いしつ》）
17 模（実物《じつぶつ》—模型《もけい》）
18 賃（給料《きゅうりょう》—賃金《ちんぎん》）
19 朗（快活《かいかつ》—明朗《めいろう》）
20 割（役目《やくめ》—役割《やくわり》）
21 処（始末《しまつ》—処理《しょり》）
22 盟（加入《かにゅう》—加盟《かめい》）
23 幕（開演《かいえん》—開幕《かいまく》）
24 疑（質問《しつもん》—質疑《しつぎ》）

●同じ読みの漢字 （↓本冊9ページ）

1 降下
2 効果
3 自己
4 事故
5 内蔵
6 内臓
7 四季
8 指揮
9 簡潔
10 完結
11 聖火
12 生家
13 磁針
14 自信
15 視界
16 司会
17 備
18 供

意味 熟語の構成14［潮の満ち引き。干潮と満潮］　他例 同じ読みの漢字1・2［高価・校歌］

2日目 練習ドリル

●読み（→本冊10ページ）

1 ちょめい
2 てんらんかい
3 えんそう
4 ほうもん
5 ようさん
6 ぶっかく
7 きんりょく
8 ゆうせん
9 れいぞう
10 しゅのう
11 じゅんしん
12 はんしゃ
13 じゅえき
14 そんけい
15 しゅくしゃく
16 つくえ
17 あやま
18 われ
19 あな
20 と
21 たまご
22 つと
23 むね

●書き取り（→本冊11ページ）

1 牛乳
2 温泉
3 俳句
4 通訳
5 沿岸
6 映像
7 鉄骨
8 模型
9 延期
10 担任
11 遺産
12 将来
13 姿勢
14 装置
15 除外
16 巻
17 届
18 済
19 呼
20 降
21 吸
22 宝
23 砂

●部首と部首名（→本冊12ページ）

1 [い] 罒 （エ） あみがしら・あみめ・よこめ
2 [く] 皿 （ウ） さら
3 [え] 刂 （オ） りっとう
4 [お] 戸 （ク） かばね・しかばね
5 [う] 广 （ア） まだれ
6 [き] 灬 （イ） れんが・れっか
7 [か] ⺮ （キ） たけかんむり
8 [あ] 阝 （カ） おおざと
9 [う] 木 （サ） きへん
10 [こ] 刂 （カ） りっとう
11 [お] 囗 （ア） くにがまえ
12 [け] 穴 （ク） あなかんむり
13 [あ] 耳 （コ） みみ

14 [い] 言
(エ) ごんべん

15 [し] 貝
(キ) かい・こがい

16 [き] 艹
(シ) くさかんむり

17 [え] 心
(オ) こころ

18 [く] 阝
(ケ) こざとへん

19 [か] 皿
(イ) さら

20 [さ] 力
(ウ) ちから

熟語作り (↓本冊13ページ)

1 オ・シ (否定《ひてい》)
2 ア・カ (専念《せんねん》)
3 サ・キ (拡張《かくちょう》)
4 エ・コ (度胸《どきょう》)
5 ケ・イ (看護《かんご》)
6 ス・オ (興奮《こうふん》)
7 タ・セ (価値《かち》)
8 ウ・カ (寸断《すんだん》)
9 ク・イ (派手《はで》)
10 エ・コ (視界《しかい》)
11 ソ・サ (警報《けいほう》)
12 キ・シ (誠実《せいじつ》)

送りがな (↓本冊14ページ)

1 幼い
2 乱れる
3 危ない
4 捨てる
5 難しい
6 補う
7 預ける
8 割れる
9 厳しい
10 染める
11 激しい
12 認める
13 疑う
14 供える
15 垂れる
16 従う
17 暮れる
18 洗う
19 裁く
20 並べる
21 忘れる
22 拝む
23 痛い

四字熟語 (↓本冊15ページ)

1 欲 (学習意欲《がくしゅういよく》)
2 給 (自給自足《じきゅうじそく》)
3 宅 (集合住宅《しゅうごうじゅうたく》)
4 誌 (月刊雑誌《げっかんざっし》)
5 針 (基本方針《きほんほうしん》)
6 臨 (臨時列車《りんじれっしゃ》)
7 磁 (永久磁石《えいきゅうじしゃく》)
8 革 (政治改革《せいじかいかく》)
9 宣 (平和宣言《へいわせんげん》)
10 揮 (実力発揮《じつりょくはっき》)
11 源 (天然資源《てんねんしげん》)
12 己 (自己主張《じこしゅちょう》)
13 論 (世論調査《よろんちょうさ》)
14 密 (精密機械《せいみつきかい》)
15 処 (問題処理《もんだいしょり》)
16 異 (異口同音《いくどうおん》)
17 片 (片側通行《かたがわつうこう》)
18 推 (推理小説《すいりしょうせつ》)
19 座 (座席指定《ざせきしてい》)
20 権 (人権尊重《じんけんそんちょう》)
21 域 (地域社会《ちいきしゃかい》)
22 衆 (公衆電話《こうしゅうでんわ》)
23 郵 (書留郵便《かきとめゆうびん》)

注意 四字熟語13 [「せろんちょうさ」とも読む]

3日目 練習ドリル

読み （→本冊16ページ）

1 ほしゅう
2 こくもつ
3 いちょう
4 かんけつ
5 けいほう
6 ふたん
7 じょそう
8 かくちょう
9 はいけい
10 ようじ
11 こうそう
12 ほぞん
13 せいじゅく
14 ほうそう
15 かいまく
16 とど
17 したが
18 そ
19 よ
20 ま
21 あたた
22 ふる
23 きず

書き取り （→本冊17ページ）

1 演奏
2 指揮
3 鉄棒
4 貯蔵
5 筋肉
6 宣伝
7 参拝
8 朗読
9 郵便
10 降水
11 看板
12 体操
13 危険
14 国宝
15 敬語
16 盛
17 刻
18 胸
19 済
20 腹
21 忘
22 洗
23 誤

筆順・画数 （→本冊18ページ）

	何画目	総画数
1	(4)	[7]
2	(6)	[10]
3	(4)	[9]
4	(7)	[10]
5	(6)	[14]
6	(6)	[13]
7	(8)	[11]
8	(8)	[10]
9	(10)	[11]
10	(10)	[14]
11	(8)	[11]
12	(5)	[7]
13	(3)	[9]
14	(5)	[12]
15	(9)	[15]
16	(10)	[12]
17	(9)	[15]
18	(6)	[8]
19	(4)	[5]
20	(4)	[11]
21	(5)	[5]
22	(9)	[12]
23	(8)	[14]
24	(11)	[13]
25	(4)	[10]
26	(6)	[8]

27 ⑤ 〔6〕
28 ⑥ 〔9〕

●音と訓 (→本冊19ページ)

1 **エ** (すな＋ジ(チ))
2 **ウ** (はり＋がね)
3 **エ** (わか＋ゲ(ギ))
4 **イ** (ズ＋ぼし)
5 **ウ** (まど＋ぐち)
6 **ア** (ケイ＋トウ)
7 **ア** (キ＋ゲン)
8 **ウ** (くち＋べに)
9 **ウ** (あな＋ば)
10 **イ** (ジュウ＋ばこ)
11 **ア** (イ＋サン)
12 **イ** (ショク＋ば)
13 **エ** (て＋ジュン)
14 **ア** (ハイ＋ゴ)
15 **ア** (カン＋チョウ)
16 **エ** (ぬの＋セイ)
17 **ウ** (ほね＋み)
18 **ア** (ジン＋ギ)
19 **エ** (いし＋ダン)
20 **イ** (シ＋あい)
21 **ウ** (かた＋みち)
22 **ウ** (うら＋やま)
23 **ウ** (なま＋きず)
24 **エ** (ゆ＋ゲ)
25 **ア** (ギュウ＋ニュウ)
26 **エ** (きぬ＋ジ)
27 **ア** (テッ＋コウ)
28 **イ** (シン＋がた)
29 **ウ** (みち＋すじ)
30 **イ** (ザン＋だか)

●対義語・類義語 (→本冊20ページ)

1 縦 (横糸《よこいと》—縦糸《たていと》)
2 収 (支出《ししゅつ》—収入《しゅうにゅう》)
3 難 (容易《ようい》—困難《こんなん》)
4 乱 (整理《せいり》—散乱《さんらん》)
5 臨 (定例《ていれい》—臨時《りんじ》)
6 背 (後方《こうほう》—背後《はいご》)
7 著 (作者《さくしゃ》—著者《ちょしゃ》)
8 域 (地区《ちく》—地域《ちいき》)
9 将 (未来《みらい》—将来《しょうらい》)
10 値 (価格《かかく》—値段《ねだん》)
11 純 (複雑《ふくざつ》—単純《たんじゅん》)
12 疑 (応答《おうとう》—質疑《しつぎ》)
13 痛 (快楽《かいらく》—苦痛《くつう》)
14 宅 (外出《がいしゅつ》—帰宅《きたく》)
15 視 (尊重《そんちょう》—無視《むし》)
16 延 (短縮《たんしゅく》—延長《えんちょう》)
17 秘 (公開《こうかい》—秘密《ひみつ》)
18 樹 (大木《たいぼく》—大樹《たいじゅ》)
19 論 (討議《とうぎ》—討論《とうろん》)
20 己 (自分《じぶん》—自己《じこ》)
21 異 (反対《はんたい》—異議《いぎ》)
22 激 (感動《かんどう》—感激《かんげき》)
23 創 (設立《せつりつ》—創立《そうりつ》)
24 割 (任務《にんむ》—役割《やくわり》)

●同じ読みの漢字 (→本冊21ページ)

1 死亡
2 志望
3 優良
4 有料
5 訳
6 約
7 糖分
8 等分
9 観衆
10 慣習
11 発車
12 発射
13 点字
14 展示
15 現金
16 厳禁
17 映
18 移

他例 同じ読みの漢字 7・8〔当分〕、同じ読みの漢字 17・18〔写る〕

4日目 練習ドリル

●読み （→本冊22ページ）

1 たいさく
2 こうふん
3 じょうき
4 こきゅう
5 そうりつ
6 ぶしょう
7 ごかい
8 かいすうけん
9 えまきもの
10 しゅうろく
11 ちょうしゃ
12 えいぞう
13 しゃそう
14 しげん
15 じゅんえん
16 そ
17 すじみち
18 ほ
19 いた
20 とうと（たっと）
21 きざ
22 なら
23 わりびき

●書き取り （→本冊23ページ）

1 訳
2 展示
3 背景
4 推理
5 厳禁
6 警備
7 服装
8 合奏
9 模様
10 値段
11 垂直
12 郷里
13 裁判
14 冷蔵庫
15 忠実
16 沿
17 従
18 裏
19 拝
20 幼
21 危
22 乱
23 頂

●熟語作り （→本冊24ページ）

1 **ケ・ウ**（就任《しゅうにん》）
2 **キ・ア**（加盟《かめい》）
3 **オ・イ**（簡潔《かんけつ》）
4 **サ・エ**（敬老《けいろう》）
5 **カ・コ**（負担《ふたん》）
6 **ス・ク**（創作《そうさく》）
7 **セ・ケ**（誠意《せいい》）
8 **キ・オ**（改革《かいかく》）
9 **ソ・シ**（寸前《すんぜん》）
10 **タ・イ**（晩年《ばんねん》）
11 **サ・ウ**（検討《けんとう》）
12 **コ・エ**（発揮《はっき》）

●熟語の構成 （→本冊25ページ）

1 **オ**（無難《ぶなん》。「困難がない」）
2 **ア**（乗降《じょうこう》。乗る⇕降りる）
3 **イ**（自己《じこ》。どちらも「自分」）
4 **エ**（納税《のうぜい》。納める↑税を）
5 **エ**（立腹《りっぷく》。立てる↑腹を）
6 **イ**（収納《しゅうのう》。どちらも「おさめる」）
7 **ア**（善悪《ぜんあく》。善い⇕悪い）
8 **イ**（存在《そんざい》。どちらも「ある」）
9 **ウ**（翌日《よくじつ》。次の↓日）
10 **エ**（養蚕《ようさん》。養う↑蚕を）
11 **イ**（勤務《きんむ》。どちらも「つとめる」）
12 **エ**（帰宅《きたく》。帰る↑自宅に）
13 **ウ**（牛乳《ぎゅうにゅう》。牛の↓乳）

意味 熟語の構成5［腹を立てること。おこること］

14 エ（洗車《せんしゃ》。洗う↑車を）
15 ウ（舌先《したさき》。舌の↓先）
16 ア（紅白《こうはく》。赤⇕白）
17 オ（未熟《みじゅく》。「まだ熟していない」）
18 エ（植樹《しょくじゅ》。植える↑木を）
19 エ（閉店《へいてん》。閉める↑店を）
20 ウ（皇后《こうごう》。天皇の↓きさき）
21 オ（不孝《ふこう》。「孝行でない」）
22 ア（縦横《じゅうおう》。たて⇕よこ）
23 エ（負傷《ふしょう》。負う↑傷を）
24 ウ（宝石《ほうせき》。宝の↓石）
25 エ（除草《じょそう》。除く↑草を）
26 ア（公私《こうし》。おおやけ⇕わたくし）

四字熟語 （→本冊26ページ）

1 優（優先順位《ゆうせんじゅんい》）
2 党（政党政治《せいとうせいじ》）
3 骨（複雑骨折《ふくざつこっせつ》）
4 棒（針小棒大《しんしょうぼうだい》）
5 射（反射神経《はんしゃしんけい》）
6 専（専門学校《せんもんがっこう》）
7 誌（学級日誌《がっきゅうにっし》）
8 捨（四捨五入《ししゃごにゅう》）
9 操（器械体操《きかいたいそう》）
10 密（人口密度《じんこうみつど》）
11 遺（世界遺産《せかいいさん》）
12 宙（宇宙遊泳《うちゅうゆうえい》）
13 断（言語道断《ごんごどうだん》）
14 補（補足説明《ほそくせつめい》）
15 訪（家庭訪問《かていほうもん》）
16 賛（自画自賛《じがじさん》）
17 臨（臨機応変《りんきおうへん》）
18 命（絶体絶命《ぜったいぜつめい》）
19 欲（私利私欲《しりしよく》）
20 異（天変地異《てんぺんちい》）
21 疑（半信半疑《はんしんはんぎ》）
22 衆（公衆道徳《こうしゅうどうとく》）
23 郵（郵便配達《ゆうびんはいたつ》）

同じ読みの漢字 （→本冊27ページ）

1 観劇
2 感激
3 会談
4 階段
5 支給
6 至急
7 包装
8 放送
9 正答
10 正当
11 注視
12 中止
13 高層
14 構想
15 塩
16 潮
17 住
18 済

意味 四字熟語4［ささいなことを大げさに言うこと］、四字熟語13［あきれて言葉が出ないほどひどいこと］

5日目 練習ドリル

読み （→本冊28ページ）

1 すいい
2 ちいき
3 れきほう
4 たいようけい
5 ちゅうふく
6 ほうせき
7 しゅしょう
8 でんしょう
9 ふしょう
10 つうかい
11 どくそう
12 ようさん
13 のうぜい
14 しんようじゅ
15 あな
16 はげ
17 あら
18 すがた
19 おさな
20 の
21 みと
22 せ
23 ふ

書き取り （→本冊29ページ）

1 故障
2 体操
3 紅茶
4 劇
5 専門
6 枚数
7 看病
8 頂上
9 強敵
10 散乱
11 棒
12 反映
13 胸囲
14 骨折
15 干
16 若者
17 暮
18 除
19 困
20 砂
21 厳
22 縦
23 捨

部首と部首名 （→本冊30ページ）

1 [き] 刂 （ク） りっとう
2 [お] 戈 （ウ） ほこづくり・ほこがまえ
3 [あ] 疒 （カ） やまいだれ
4 [い] 衣 （ア） ころも
5 [え] 阝 （オ） おおざと
6 [く] 門 （キ） もんがまえ
7 [か] 广 （イ） まだれ
8 [う] 木 （エ） き
9 [こ] 攵 （カ） のぶん・ぼくづくり
10 [え] 艹 （サ） くさかんむり
11 [い] 阝 （ウ） こざとへん
12 [し] 宀 （キ） うかんむり
13 [く] 尸 （シ） かばね・しかばね

意味 読み5［山のふもとと山頂との中ほど］、読み10［たいそうゆかいなこと］

14　［あ］⺮　（イ）たけかんむり

15　［お］心　（ア）こころ

16　［さ］巾　（ケ）はば

17　［う］欠　（ク）あくび・かける

18　［か］灬　（コ）れんが・れっか

19　［き］皿　（オ）さら

20　［け］月　（エ）にくづき

●筆順・画数（→本冊31ページ）

何画目　総画数

1　（3）［5］

2　（1）［10］

3　（3）［7］

4　（8）［10］

5　（3）［5］

6　（8）［11］

7　（8）［9］

8　（9）［12］

9　（1）［17］

10　（3）［12］

11　（3）［10］

12　（3）［7］

13　（4）［8］

14　（2）［8］

15　（4）［7］

16　（2）［18］

17　（4）［9］

18　（8）［16］

19　（12）［14］

20　（8）［11］

21　（6）［10］

22　（4）［15］

23　（6）［10］

24　（5）［8］

25　（3）［4］

26　（1）［6］

27　（5）［16］

28　（7）［8］

●熟語作り（→本冊32ページ）

1　ク・オ（規律《きりつ》）

2　ケ・サ（分担《ぶんたん》）

3　エ・ア（欲望《よくぼう》）

4　ウ・コ（至急《しきゅう》）

5　キ・シ（誤報《ごほう》）

6　カ・エ（未熟《みじゅく》）

7　ケ・ソ（同窓《どうそう》）

8　セ・ア（推定《すいてい》）

9　キ・ウ（批評《ひひょう》）

10　タ・イ（神秘《しんぴ》）

11　ス・コ（純真《じゅんしん》）

12　サ・オ（著名《ちょめい》）

●四字熟語（→本冊33ページ）

1　沿（沿岸漁業《えんがんぎょぎょう》）

2　株（株式会社《かぶしきがいしゃ》）

3　臓（臓器移植《ぞうきいしょく》）

4　拡（拡張工事《かくちょうこうじ》）

5　署（署名運動《しょめいうんどう》）

6　乱（一心不乱《いっしんふらん》）

7　疑（質疑応答《しつぎおうとう》）

8　策（景気対策《けいきたいさく》）

9　異（大同小異《だいどうしょうい》）

10　革（技術革新《ぎじゅつかくしん》）

11　宣（独立宣言《どくりつせんげん》）

12　難（無理難題《むりなんだい》）

13　論（賛否両論《さんぴりょうろん》）

14　己（自己満足《じこまんぞく》）

15　磁（方位磁針《ほういじしん》）

16　層（高層建築《こうそうけんちく》）

17　朗（明朗快活《めいろうかいかつ》）

18　晩（大器晩成《たいきばんせい》）

19　絶（空前絶後《くうぜんぜつご》）

意味　四字熟語9［たいして差がないこと］、四字熟語18［大人物はおくれて成功するということ］

20 創（天地創造《てんちそうぞう》）

21 吸（酸素吸入《さんそきゅうにゅう》）

22 退（一進一退《いっしんいったい》）

23 宙（宇宙旅行《うちゅうりょこう》）

●対義語・類義語

（→本冊34ページ）

1 暖（寒冷《かんれい》―温暖《おんだん》）

2 垂（水平《すいへい》―垂直《すいちょく》）

3 派（地味《じみ》―派手《はで》）

4 就（辞任《じにん》―就任《しゅうにん》）

5 源（河口《かこう》―水源《すいげん》）

6 展（進歩《しんぽ》―発展《はってん》）

7 亡（他界《たかい》―死亡《しぼう》）

8 優（役者《やくしゃ》―俳優《はいゆう》）

9 誕（出生《しゅっしょう》―誕生《たんじょう》）

10 揮（指図《さしず》―指揮《しき》）

11 簡（複雑《ふくざつ》―簡単《かんたん》）

12 済（借用《しゃくよう》―返済《へんさい》）

13 善（悪意《あくい》―善意《ぜんい》）

14 模（実物《じつぶつ》―模型《もけい》）

15 裏（表側《おもてがわ》―裏側《うらがわ》）

16 段（目的《もくてき》―手段《しゅだん》）

17 権（義務《ぎむ》―権利《けんり》）

18 貴（大切《たいせつ》―貴重《きちょう》）

19 存（保管《ほかん》―保存《ほぞん》）

20 賃（給料《きゅうりょう》―賃金《ちんぎん》）

21 寸（直前《ちょくぜん》―寸前《すんぜん》）

22 宅（家屋《かおく》―住宅《じゅうたく》）

23 忠（苦言《くげん》―忠告《ちゅうこく》）

24 盟（入会《にゅうかい》―加盟《かめい》）

●同じ読みの漢字

（→本冊35ページ）

1 禁止

2 近視

3 警官

4 景観

5 金属

6 勤続

7 郷土

8 強度

9 最終

10 採集

11 時刻

12 自国

13 公衆

14 講習

15 供

16 共

17 値

18 音

6日目 模《も》擬《ぎ》試験①

❶ 読み（↓本冊36ページ）

1 はんじゅく
2 も
3 こうしゅう
4 うつ
5 おさ
6 てんこ
7 しょうじ
8 しろ
9 わけ
10 たいさく
11 ゆうしょう
12 そんちょう
13 きざ
14 く
15 さが
16 そうせつ
17 はら
18 つくえ
19 おが
20 もよう

❷ 部首と部首名（↓本冊36ページ）

1 【き】罒 （コ）あみがしら・あみめ・よこめ
2 【え】言 （カ）ごんべん
3 【あ】阝 （オ）おおざと
4 【こ】冂 （キ）どうがまえ・けいがまえ・まきがまえ
5 【お】月 （ケ）にくづき

❸ 筆順・画数（↓本冊37ページ）

何画目 総画数

1 （3） 【7】
2 （9） 【13】
3 （2） 【14】
4 （7） 【11】
5 （5） 【9】

❹ 送りがな（↓本冊38ページ）

1 幼い
2 乱れる
3 裁く
4 敬う
5 閉じる

❺ 音と訓（↓本冊38ページ）

1 エ（すな＋ジ（チ））
2 ア（カン＋ビョウ）
3 ウ（わか＋ば）
4 ア（ヒ＋ヒョウ）
5 エ（きぬ＋セイ）
6 ア（ショ＋コク）
7 ア（シュウ＋キョウ）
8 イ（ハ＋で）
9 ウ（しお＋かぜ）
10 イ（ヤク＋わり）

❻ 四字熟語（↓本冊39ページ）

1 欲（学《がく》習《しゅう》意《い》欲《よく》）
2 拡（拡《かく》張《ちょう》工《こう》事《じ》）
3 沿（沿《えん》岸《がん》漁《ぎょ》業《ぎょう》）
4 宣（平《へい》和《わ》宣《せん》言《げん》）
5 補（補《ほ》足《そく》説《せつ》明《めい》）
6 域（通《つう》学《がく》区《く》域《いき》）
7 革（教《きょう》育《いく》改《かい》革《かく》）
8 捨（四《し》捨《しゃ》五《ご》入《にゅう》）
9 存（生《せい》存《ぞん》競《きょう》争《そう》）
10 権（国《こく》民《みん》主《しゅ》権《けん》）

❼ 対義語・類義語（→本冊38ページ）

1 暖（寒流《かんりゅう》―暖流《だんりゅう》）
2 密（散在《さんざい》―密集《みっしゅう》）
3 臨（通常《つうじょう》―臨時《りんじ》）
4 縮（延長《えんちょう》―短縮《たんしゅく》）
5 垂（水平《すいへい》―垂直《すいちょく》）
6 背（後方《こうほう》―背後《はいご》）
7 展（向上《こうじょう》―発展《はってん》）
8 将（未来《みらい》―将来《しょうらい》）
9 著（筆者《ひっしゃ》―著者《ちょしゃ》）
10 亡（死去《しきょ》―死亡《しぼう》）

❽ 熟語作り（→本冊39ページ）

1 **カ・エ**（専念《せんねん》）
2 **オ・イ**（奮起《ふんき》）
3 **コ・ア**（寸前《すんぜん》）
4 **ク・ウ**（規律《きりつ》）
5 **キ・ケ**（誠意《せいい》）

❾ 熟語の構成（→本冊40ページ）

1 **エ**（洗顔《せんがん》。洗う←顔を）
2 **イ**（困苦《こんく》。どちらも「くるしむ」）
3 **ア**（縦横《じゅうおう》。たて⇔よこ）
4 **イ**（樹木《じゅもく》。どちらも「木」）
5 **ア**（乗降《じょうこう》。乗る⇔降りる）
6 **イ**（善良《ぜんりょう》。どちらも「よい」）
7 **オ**（未定《みてい》。「まだ定まっていない」）
8 **ウ**（軽傷《けいしょう》。軽い→傷）
9 **オ**（不満《ふまん》。「満足しない」）
10 **エ**（就職《しゅうしょく》。つく←職に）

❿ 同じ読みの漢字（→本冊41ページ）

1 完結
2 簡潔
3 改装
4 回送
5 勤
6 努
7 居
8 射
9 効果
10 高価

⓫ 書き取り（→本冊40ページ）

1 姿
2 巻
3 宇宙
4 山頂
5 従
6 毎晩
7 討論
8 裏庭
9 届
10 窓
11 痛
12 星座
13 吸
14 遺産
15 俳句
16 資源
17 乳
18 体操
19 骨折
20 済

意味 対義語・類義語２［散在＝あちこちに散らばっている様子　密集＝すきまなく集まること］

7日目 模《も》擬《ぎ》試験②

❶ 読み（→本冊42ページ）

1 ほうこ
2 きんむ
3 ようちゅう
4 と
5 いた
6 まど
7 たず
8 したが
9 あら
10 そうさ
11 かし
12 りっこうほ
13 ちぢ
14 きりつ
15 いただき
16 われ
17 ふんき
18 じゅえき
19 た
20 すがた

❷ 部首と部首名（→本冊42ページ）

1 [い]（エ） 尸 かばね・しかばね
2 [か]（キ） 皿 さら
3 [え]（ク） 刂 りっとう
4 [け]（コ） 广 まだれ
5 [う]（ケ） 攵 のぶん・ぼくづくり

❸ 筆順・画数（→本冊43ページ）

何画目 総画数

1 （3） [10]
2 （9） [15]
3 （7） [9]
4 （1） [10]
5 （3） [10]

❹ 送りがな（→本冊44ページ）

1 危ない
2 捨てる
3 刻む
4 疑う
5 供える

❺ 音と訓（→本冊44ページ）

1 イ（シ＋あい）
2 ウ（こめ＋だわら）
3 ア（ソウ＋サク）
4 エ（かかり＋イン）
5 ウ（け＋あな）
6 イ（ダイ＋どころ）
7 ウ（まき＋がみ）
8 ア（イ＋デン）
9 ウ（ほね＋み）
10 イ（ザン＋だか）

❻ 四字熟語（→本冊45ページ）

1 論（議論百出《ぎろんひゃくしゅつ》）
2 臓（臓器移植《ぞうきいしょく》）
3 臨（臨時休業《りんじきゅうぎょう》）
4 策（失業対策《しつぎょうたいさく》）
5 射（直射日光《ちょくしゃにっこう》）
6 密（精密検査《せいみつけんさ》）
7 革（保守革新《ほしゅかくしん》）
8 担（自己負担《じこふたん》）
9 存（永久保存《えいきゅうほぞん》）
10 処（応急処置《おうきゅうしょち》）

❼ 対義語・類義語（→本冊44ページ）

1 暖（寒冷《かんれい》—温暖《おんだん》）
2 片（両方《りょうほう》—片方《かたほう》）
3 縦（横糸《よこいと》—縦糸《たていと》）
4 派（地味《じみ》—派手《はで》）

 意味 送りがな5 [神仏などに物をささげる]

5 裏（表門《おもてもん》―裏門《うらもん》）
6 宅（家屋《かおく》―住宅《じゅうたく》）
7 寸（直前《ちょくぜん》―寸前《すんぜん》）
8 幕（開演《かいえん》―開幕《かいまく》）
9 宣（広告《こうこく》―宣伝《せんでん》）
10 著（作者《さくしゃ》―著者《ちょしゃ》）

8 熟語作り （→本冊45ページ）

1 **ク・ア**（拡張《かくちょう》）
2 **ウ・カ**（看護《かんご》）
3 **ケ・キ**（度胸《どきょう》）
4 **サ・オ**（就職《しゅうしょく》）
5 **エ・イ**（否定《ひてい》）

9 熟語の構成 （→本冊46ページ）

1 **オ**（未知《みち》。「まだ知らない」）
2 **ア**（公私《こうし》。おおやけ⇔わたくし）
3 **イ**（死亡《しぼう》。どちらも「しぬ」）
4 **イ**（郷里《きょうり》。どちらも「さと」「いなか」）
5 **エ**（閉館《へいかん》。閉じる←館を）
6 **ウ**（城門《じょうもん》。城の→門）
7 **ウ**（視点《してん》。みる→ポイント）
8 **イ**（尊敬《そんけい》。どちらも「うやまう」）
9 **エ**（除雪《じょせつ》。除く←雪を）
10 **ウ**（牛乳《ぎゅうにゅう》。牛の→乳）

10 同じ読みの漢字 （→本冊47ページ）

1 警官
2 景観
3 映
4 写
5 習慣
6 週刊
7 根
8 値
9 原
10 腹

11 書き取り （→本冊46ページ）

1 激
2 独奏
3 暮
4 沿
5 鉄棒
6 貴重
7 呼
8 並
9 区域
10 紅白
11 染
12 灰色
13 指揮
14 延長
15 電源
16 泉
17 若葉
18 筋肉
19 模様
20 忘